AF601121

27 Mars 1905

marqué 99 P

VENTE

Des Lundi 27 et Mardi 28 Mars 1905

HOTEL DROUOT, SALLE N° 10

A DEUX HEURES

DESSINS ET GRAVURES

DES XVIIE ET XVIIIE SIÈCLES

Des Écoles Française et Étrangères, Encadrés et en Feuilles

TABLEAUX

PORCELAINES — FAIENCES — BRONZES — OBJETS DIVERS

CURIOSITÉS

MEUBLES — ÉTOFFES — TAPIS

EXPOSITION PUBLIQUE

Le Dimanche 26 Mars 1905, de une heure 1/2 à six heures

COMMISSAIRE-PRISEUR

Mᵉ LAIR-DUBREUIL, 6, rue de Hanovre

EXPERTS

MM. PAULME & B. LASQUIN FILS

10, rue Chauchat | 12, rue Laffitte

EXEMPLAIRE DE H. STETTINER

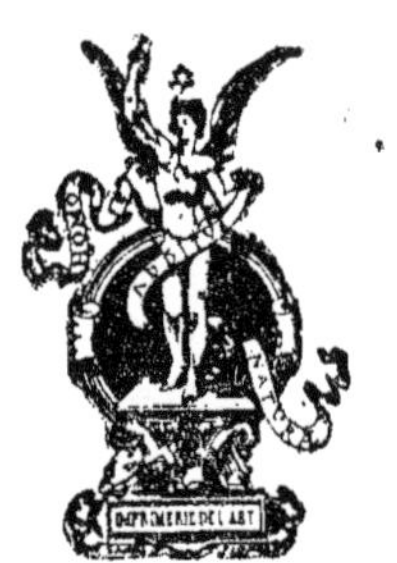

CATALOGUE

DE

DESSINS ET GRAVURES

DES XVIIe ET XVIIIe SIÈCLES

ENCADRÉS ET EN FEUILLES

Des Écoles Française, Allemande, Italienne, Hollandaise, Flamande, Espagnole, etc., etc.

TABLEAUX ANCIENS ET MODERNES

PHOTOGRAPHIES D'ART

PORCELAINES ET FAIENCES DIVERSES

BRONZES D'ART ET D'AMEUBLEMENT

ÉMAUX CLOISONNÉS, SCULPTURES

OBJETS DE VITRINE ET OBJETS DIVERS

Meubles Anciens et Modernes

ÉTOFFES, RIDEAUX, TAPIS

MOBILIER COURANT, ETC., ETC.

Dont la Vente aura lieu

HOTEL DROUOT, SALLE N° 10

LES LUNDI 27 ET MARDI 28 MARS 1905

à deux heures

COMMISSAIRE-PRISEUR	EXPERTS
Me F. LAIR-DUBREUIL	MM. PAULME & B. LASQUIN FILS
6, rue de Hanovre	10, rue Chauchat — 12, rue Laffitte

EXPOSITION PUBLIQUE

Le Dimanche 26 Mars 1905, de 1 heure 1/2 à 6 heures

D.C.54.12

CONDITIONS DE LA VENTE

Elle sera faite au comptant.

Les acquéreurs paieront *dix pour cent* en sus des prix d'adjudication.

L'exposition mettant le public à même de se rendre compte de l'état et de la nature des objets, il ne sera admis aucune réclamation, une fois l'adjudication prononcée.

Paris. — Imp. de l'Art, E. MOREAU et Cie, 41, rue de la Victoire

DÉSIGNATION

TABLEAUX
ANCIENS ET MODERNES

ANONYME
(DEUX PENDANTS)

1 — *Enfant à la fiasque.*
— *Jeune Fille au verre.*

Cadres anciens en bois sculpté.

DUPLESSIS

2 — *Halte d'un convoi.*

Bois.
Signé.

ÉCOLE FRANÇAISE

3 — *Paysage, avec bergers et animaux.*

Toile.
Cadre en bois sculpté.

ECOLE FRANÇAISE (XVIIe siècle)

4 — *Jésus et Marie.*

Deux peintures ovales sur cuivre.
Cadres anciens en bois sculpté.

ÉCOLE FRANÇAISE (XVIIIe siècle)

5 — *Peinture décorative.*

En forme de dessus de porte.
Cadre en bois sculpté.

ÉCOLE FRANÇAISE (XVIIIe siècle)

6 — *Vénus et l'Amour.*

Toile.

ÉCOLE HOLLANDAISE

7 — *Portrait d'Homme.*

Cadre ancien en bois sculpté.

ÉCOLE HOLLANDAISE

8 — *Sujet pastoral.*

Bois.

ÉCOLE HOLLANDAISE

9 — *Marine.*

Toile de forme ovale.

ÉCOLE ITALIENNE

10 — *Sujet allégorique.*

Toile.

ÉCOLE MODERNE

11 — *Attelage de chevaux gravissant une côte.*

Esquisse sur toile.

HAQUETTE (G.)

12 — *Marine.*

Toile.

GARCEMENT (A.)

12 *bis* — *La Gardeuse d'oies.*

LAZERGES (Paul)

13 — *Paysage.*

Bois.
Signé.

LAZERGES (Paul)

14 — *Caravane dans le désert.*

Toile signée et datée : *1897.*

LECLERC DES GOBELINS (Attribué à)

15 — *Toilette de la Sultane.*

Peinture sur métal.
Cadre en bois sculpté.

MAAS (Nicolas)

16 — *Vertumne et Pomone.*

Toile.

MOREAU (Adrien)

16 *bis* — *Paysage au bord de la mer.*

VÉRON

17 — *Paysage.*

Toile.

18 — Sous ce numéro: Tableaux anciens ou modernes, non catalogués.

DESSINS

ANCIENS ET MODERNES, ENCADRÉS

ANONYME

19 — *Paysage.*

A la sépia.
Cadre en bois sculpté.

ANDRIEUX

20 — *Défilé.*

Aquarelle signée.

BOURGUIGNON

21 — *Chocs de cavalerie.*

Trois importants dessins à la sépia.

BOILLY (Attribué à L.)

22 — *Les Grimaces.*

Au crayon noir.

ÉCOLE FRANÇAISE

23 — *Vue de ville avec personnages.*

Aquarelle.
Cadre ancien en bois sculpté.

ÉCOLE FRANÇAISE

24 — *Vue d'un château en ruines.*

A la plume et lavis.
Cadre ancien en bois sculpté.

ÉCOLE FRANÇAISE

25 — *Tête de Femme.*

Aux crayons de couleur.

ÉCOLE FRANÇAISE

26 — *Laveuse.*

Sépia.
Cadre en bois sculpté.

ÉCOLE FRANÇAISE (XVIIIe siècle)

27 — *Paysage, ruines et figures.*

Aquarelle.

ÉCOLE FRANÇAISE (XVIIIe siècle)

28 — *Parc avec figures.*

Gouache.
Cadre en bois sculpté.

ÉCOLE FRANÇAISE (XVIIIe siècle)

29 — *Rivière avec ponts.*

Aquarelle.

ÉCOLE FRANÇAISE (XVIIIe siècle)

30 — *Nymphe assise.*

Aux deux crayons.
Cadre en bois sculpté.

ÉCOLE FRANÇAISE (XVIIIe siècle)

31 — *L'Oiseau rattrapé.*

Au crayon.
Cadre en bois sculpté.

ÉCOLE FRANÇAISE (XVIIIe siècle)

32 — *Bustes de Femmes.*

Pastels ovales faisant pendants.
Cadres en bois sculpté avec nœud de ruban.

ÉCOLE FRANÇAISE (XVIIIe siècle)

33 — *Enfant à mi-corps.*

Aux crayons de couleur.
Cadre en bois sculpté.

ÉCOLE FRANÇAISE (XVIII siècle)

(DEUX PENDANTS)

34 — *Paysages avec figures.*

Plume et aquarelle.

ÉCOLE FRANÇAISE (XVIIIe siècle)

35 — *Sujet Pastoral.*

Gouache.

ÉCOLE FRANÇAISE (XVIIIe siècle)

36 — *Paysages avec ruines et cours d'eau.*

Gouaches.

ÉCOLE FRANÇAISE (XVIIIe siècle)

37 — *Paysage avec berger et troupeau.*

Gouache.

ÉCOLE FRANÇAISE (XVIIIe siècle)

38 — *Danseurs.*

A la sanguine.

ÉCOLE FRANÇAISE (XVIIIe siècle)

39 — *Têtes d'Hommes.*

A la sanguine.
Cadre Louis XVI, bois sculpté.

ÉCOLE FRANÇAISE (XVIIIe siècle)

40 — *Sujet mythologique.*

A la pierre noire.
Cadre ancien en bois sculpté.

ÉCOLE FRANÇAISE (XVIIIe siècle)

41 — *L'Apocalipse de Meliton.*

A la sépia.
Cadre ancien, bois sculpté.

ÉCOLE FRANÇAISE (XVIIIe siècle)

42 — *Sujet mythologique.*

Aquarelle.
Cadre en bois sculpté.

ÉCOLE FRANÇAISE (XVIIIe siècle)

43 — *Convoi militaire.*

A la sépia.

ÉCOLE FRANÇAISE (XVIIIe siècle)

44 — *Deux Personnages.*

Plume et sépia.

ÉCOLE FRANÇAISE (XVIIIe siècle)

45 — *Groupe de plusieurs figures.*

Plume et sépia.
Cadre en bois sculpté.

ÉCOLE FRANÇAISE (XVIIIe siècle)

46 — *Jeune Fille assise à terre.*

A la sanguine.

ÉCOLE FRANÇAISE (XVIIIe siècle)

47 — *Paysage avec cours d'eau et figures.*

Gouache.

ÉCOLE FRANÇAISE (XVIIIe siècle)

47 *bis* — *Scènes de mœurs.*

Trois dessins à la sanguine.
Cadres en bois sculpté.

ÉCOLE ITALIENNE (XVIIIe siècle)

48 — *Intérieur d'église avec figures.*

Lavis.
Cadre ancien en bois sculpté.

FRAGONARD (H.)

49 — *Village en ruines.*

Sanguine signée et datée.
Cadre en bois sculpté.

GUARDÍ (Genre de

50 — *Vues de Venise.*

Dessins aquarellés.
Cadres anciens en bois sculpté.

GUÉRIN (J.)

51 — *L'Heureuse famille.*

Au crayon.

JULLIARD

52 — *Ferme au bord de l'eau, avec figures.*

Gouache.

Cadre en bois sculpté.

KARL (Robert)

52 *bis* — *Chaumière au bord d'une rivière.*

Fusain.

LARGILLIÈRE (D'après)

53 — *Portrait de Femme assise.*

Plume et sépia.

Cadre en bois sculpté.

LARUE (De)

54 — *Femme vue de dos.*

Plume et sépia.

Cadre ancien en bois sculpté.

LE PRINCE (J.-B.)

55 — *Paysage avec bergère et moutons.*

Sépia.
Cadre en bois sculpté.

MACAULT DE LA COSNE

56 — *Les Bergers Florentins.*

Plume et lavis.
Beau cadre ancien en bois sculpté.

MALBERT (G.)

57 — *Deux Figures dans un paysage.*

Plume et lavis.
Cadre ancien en bois sculpté.

MOITTE

58 — *Feuilles et Croquis.*

Deux dessins à la plume.
Cadres anciens en bois sculpté.

MOITTE

59 — *Soldats s'exerçant au maniement du fusil.*

Trois dessins au crayon.

MOREAU (Louis)

60 — *Paysage avec rivière ; Effet d'orage.*

Gouache.
Cadre ancien en bois sculpté.

MOREAU (Louis)
(DEUX PENDANTS)

61 — *Ruines avec figures.*

A la plume et au lavis.
Cadres en bois sculpté.

MORBLIN

62 — *Le Remouleur.*
Le Montreur de marmottes.

Deux aquarelles faisant pendants.

PARROCEL

63 — *Exercice de cavalerie.*

Dessin au lavis.
Cadre Louis XIV en bois sculpté doré.

PERLIN

64 — *Vestibule de palais avec figures.*

Aquarelle.
Cadre ancien en bois sculpté.

PILLEMENT (J.)

65 — *Paysage, rivière et figures.*

Au crayon.
Signé et daté.
Cadre en bois sculpté.

PUJOL

66 — *Portrait de Jeune Garçon.*

Aquarelle.
Cadre ancien en bois sculpté.

ROBERT (Hubert)

67 — *Ruines avec figures.*

A la sanguine.
Cadre en bois sculpté.

ROBERT (Hubert)

68 — *Coin de parc avec fontaine.*

Sanguine.

ROULLET (G.)

69 — *Étretat.*

Aquarelle.

RUBÉ (A.)

(DEUX PENDANTS)

70 — *Paysages ; maquettes de décors.*

A l'aquarelle.

SAINT-AUBIN (GABRIEL DE)

71 — *Vue du Dome de l'Abbaye de Parthemont.*

Crayon, plume et lavis.
Signé des initiales.

72 — Sous ce numéro : Dessins anciens ou modernes encadrés, non catalogués.

GRAVURES

ANCIENNES ET MODERNES, ENCADRÉES

BAUDOUIN (D'après)

73 — *Le Bain.*

En couleurs.
Cadre ancien en bois sculpté.

BAUDOUIN (D'après)

74 — *Les Amants surpris. — Les Amours champêtres.*

Deux gravures noires faisant pendants.

BERICOURT (D'après)

75 — *Le Point d'honneur.*

En couleurs.
Cadre ancien en bois sculpté.

BINET (D'après)

76 — *La Solitude agréable.*

En noir.

BOUCHER (D'après F.)

77 — *Vénus couronnée par les Amours.*

En couleurs, par DEMARTEAU.

DAVID (D'après L.)

78 — *Le Serment du Jeu de Paume.*

En noir.

DEMACHY

79 — *Sujet tiré de l'Histoire de France.*

En couleurs.
Cadre en bois sculpté.

DESRAIS (D'après)

80 — *La Nièce du curé de mon village.*

En noir.

DREVET

81 — *Portrait du Baron de Besenval.*

En noir.
Cadre ancien en bois sculpté.

DROLLING (D'après)

82 — *Le Chapeau.*

En couleurs.

ÉCOLE FRANÇAISE (XVIIIe siècle)

83 — *L'Agréable moment. — Offrande à Vénus.*

Deux gravures en noir.

ÉCOLE FRANÇAISE (XVIIIe siècle)

84 — Deux sujets faisant pendants.

En couleurs.

FRAGONARD (H.)

85 — *L'Amour ingénieux. — Télémaque et Eucharis.*

Deux gravures, par LEGRAND.

FRAGONARD (D'après H.)

86 — *L'Armoire.*

Eau-forte originale du maître.

GOUY (DE)

87 — *La Visite à la nourrice.*

En couleurs, d'après MORLAND.
Cadre ancien en bois sculpté.

HUET (D'après J.-B.)

88 — *Etude d'animaux.*

Deux gravures en couleurs, par BONNET.
Cadres en bois sculpté.

HUET (D'après J.-B.)

89 — *Diane au bain.*

En couleurs.

HUET (D'après J.-B.)

90 — *Les Présents du berger.*

En couleurs, par JUBIER.

JANINET (F.)

91 — *Le Satyre amoureux.*

En couleurs, d'après CARESME.
Cadre en bois sculpté.

LAWREINCE (D'après)

92 — *Le Financier.*

En couleurs.

RUOTTE

93 — *Paul et Virginie.*

Trois gravures en couleurs, d'après VALIN.

TENIERS

94 — *Fête de village. — Réjouissances flamandes.*

Deux gravures noires.

VIDAL

95 — *La Cuisinière française.*

En couleurs.
Cadre ancien en bois sculpté.

96 — Sous ce numéro : Gravures anciennes ou modernes, encadrées, non cataloguées.

DESSINS ANCIENS
ET GRAVURES ANCIENNES
PHOTHOGRAPHIES D'ART

97 — Sous ce numéro seront vendus par lot un grand nombre de **Dessins anciens et Gravures anciennes**, des XVIIᵉ et XVIIIᵉ siècles, des Écoles française, allemande, italienne, flamande, hollandaise, etc., par ou attribués à : Albani, Le Bassan, Berghem, Blomaert, Backhuysen, Carrache, Dietrichs, C. Dujardin, Le Guerchin, Jouvenet, Luino, Lesueur, Van der Meulen, Moucheron, Parrocel, Poussin, J. Romain, Rembrandt, Snyders, Vasari, Martin de Vos, Wynants, etc., etc.

98 — Sous ce numéro, seront vendues en lot des photographies de tableaux de musée.

PORCELAINES ET FAIENCES

ANCIENS ET MODERNES

99 — Solitaire en ancienne porcelaine de Berlin fond blanc, décor de médaillons, à paysages, en camaïeu violet.

100 — Tasse et soucoupe en ancienne porcelaine de Sèvres, décor par bandes, à fleurs et ornements, bordure à rosaces.

101 — Tasse-trembleuse en porcelaine, gros bleu, décor à médaillons, encadrés de perles en émaux de couleur, médaillons, à figure de femme, fleurs et couronnes.

102 — Deux groupes en porcelaine de Saxe : Le Galant Jardinier; Jeune femme offrant une pomme à un jeune homme.

103 — Coupe en porcelaine de Saxe, fond bleu-turquoise, médaillon central et réserves de fleurs. Monture en bronze.

104 — Grand compotier en vieux Chine, famille verte.

105 — Deux statuettes, sur éléphants, en porcelaine blanche de Chine, sur socles en laque de Pékin.

106 — Paire de flacons en porcelaine de Saxe, fond d'or, à décor de fleurs.

107 — Statuette de mandarin en ancien grès de Chine, fond bleu, tête en ivoire sculpté.

108 — Paire de grandes potiches, à couvercles, en porcelaine du Japon côtelée, décor par bandes en bleu, rouge et or, réserves de paysages. Socles en bois sculpté.

109 — Paire de grandes lampes en porcelaine de Chine, fond céladonné vert, décor d'arbres et de quadrupèdes en bleu ; montées en bronze.

110 — Boutonnière en porcelaine d'Allemagne, décor à fleurs en argent. Monture en argent.

111 — Groupe en porcelaine de Saxe : Satyre mangeant une grappe de raisin.

112 — Paire de vases en porcelaine dorée, décor de feuillages et de médaillons en bleu, anses, à têtes de cygnes. Époque Premier Empire.

113 — Vase ovoïde en faïence jaspée, décor doré, à guirlandes de feuillage et têtes de sphynx.

114 — Groupe allégorique en biscuit.

115 — Statuette de porteur d'eau italien en biscuit.

116 — Plat, en forme de gubbio, à reflets métalliques.

117 — Tasse et soucoupe en porcelaine d'Amstel, décor de sujets maritimes et fleurs.

118 — Petite tasse, avec couvercle, et soucoupe en porcelaine de Saxe, décorée de réserves, à paysages maritimes.

119 — Deux coupes en porcelaine du Japon, décor en bleu, rouge et or.

120 — Tête-à-tête en porcelaine, fond violet, intérieur doré.

121 — Coffret en grès émaillé de Chine,

122 — Chimère en faïence émaillée bleu-turquoise.

123 — Quatre compotiers en porcelaine du Japon, à décor de bambous.

124 — Coupe en porcelaine de Chine, décor de poissons et de fleurs. Socle en bois sculpté.

125 — Boite en faïence italienne, à décor de femme jouant de la guitare.

126 — Six tasses à thé, avec soucoupes, et présentoirs en porcelaine de Chine, décor de fleurs et d'oiseaux.

127 — Paire de petits vases en porcelaine blanche, décorés de fleurettes en relief.

128 — Jardinière en faïence, fond jaune, à décor chinois.

129 — Paire de lampes en porcelaine, gros bleu. Montées en bronze.

130 — Plaque en terre émaillée bleu : La Vierge et l'Enfant.

131 — Jardinière, forme panier, en porcelaine, fond vert, fleurs en relief.

132 — Deux grands et beaux vases en porcelaine, genre Sèvres, à fond bleu de roi, avec réserves, à sujets de personnages.

133 — Faïences anciennes et modernes non cataloguées.

OBJETS DE VITRINE

134 — Drageoir en prisme d'améthyste, à figure humaine. Monture Louis XV.

135 — Tryptique en ivoire sculpté, représentant le Christ en croix et les Saintes femmes.

136 — Etui-nécessaire en cuir peint et décoré, garni de pièces en fer avec parties dorées.

137 — Plaquette en bois sculpté, représentant un aigle emportant un personnage qui tient une guirlande de fleurs.

138 — Plaquette en bois sculpté.

139 — Très petite pièce en ivoire, représentant, au pied d'un arbre, un personnage traîné sur un char.

140 — Petit médaillon rond en bois sculpté de Saint et de Sainte. — Plaquette analogue, à nombreux personnages.

141 — Buste d'homme en ivoire sculpté.

142 — Eventail, monture en nacre repercée, partiellement dorée ; feuille gouachée à sujet champêtre. Signée : *Garnier*.

143 — Boite rectangulaire et petite boite, à décor de chrysanthème, en laque du Japon.

144 — Boite en nacre sculptée, offrant en relief des paysages et un groupe de danseurs.

145 — Boîte ovale en écaille brune sculptée, sur le couvercle, d'un buste d'homme. Monture en argent.

146 — Boite ovale en ivoire sculpté, à figure d'Arlequin.

147 — Boite ovale en argent ciselé. XVIIIe siècle.

148 — Petite boite à mouches, Louis XV, décorée au vernis d'un sujet champêtre.

149 — Très petite boite en écaille brune, couvercle en laque à fond d'or.

150 — Netzké en ivoire sculpté : Personnage sur un bœuf.

151 — Trousse de médecin en laque du Japon : décor de cavalier.

152 — Deux flacons ovoïdes en bois sculpté, offrant en relief l'Adoration des Bergers et une ronde flamande.

153 — Petit vase-balustre en ancien émail cloisonné de Chine.

154 — Miniature : Portrait de femme Louis XVI en corsage bleu.

155 — Petite miniature Louis XIV : Portrait d'un magistrat.

156 — Médaillon à double face, en argent, à figurines du Christ et de la Vierge.

157 — Très petite coupe en cornaline blanche. — Autre petite coupe en agate sculptée, sur socle chamois. — Et une petite coupe en onyx.

158 — Ame de guitare en bois finement sculpté.

159 — Plaque de râpe à tabac en ivoire sculpté. XVIIIe siècle.

160 — Dessus de brosse en ivoire sculpté.

161 — Cachet en bronze argenté : Turenne.

162 — Petit fixé rond, à paysage animé de figures.

163 — Fixé de forme ronde : paysage ; effet de lune.

164 — Petit fixé : la Promenade en bateau.

165 — Petite boite formant bougeoir et petite jardinière trilobée en bronze du Japon.

OBJETS DIVERS

166 — Statuette d'évêque en bois, finement sculpté, sur socle en bois noir.

167 — Groupe en bois, finement sculpté : La Vierge et l'Enfant, sur socle adhérent, décoré de feuillage.

168 — Deux médaillons en cire peinte : Portraits d'homme et de femme. Cadres en bronze et bois.

169 — Vase, à couvercle, en jade vert, sur socle, en bois sculpté.

170 — Brûle-parfums en jade blanc sculpté, couvercle en bois de fer, à bouton de jade.

171 — Deux plaquettes en jade blanc, gravé et repercé.

172 — Plaque en émail de Limoges : Saint André en prière.

173 — Plaque en émail de Limoges : Le Bon Samaritain.

174 — Médaillon ovale en émail de Limoges, à figure de saint. Cadre en bronze ciselé, à guirlandes de fleurs.

175 — Fusil de chasse, à deux canons, crosse sculptée, à tête de satyre, garnitures en argent. Époque Louis XVI.

176 — Épée de cour, fourreau en galuchat, poignée en acier ciselé, à facettes. Époque Louis XVI.

177 — Paire de petits pistolets, crosses à mufles de lions.

178 — Couteau oriental.

179 — Boite en laque de Pékin.

180 — Jeu de boites cylindriques en bois laqué, fond noir et applications de fleurettes en ivoire.

181 — Boite hexagonale en bois de santal, incrusté d'ivoire. Travail indien.

182 — Double socle en bois de fer.

183 — Coupe porte-bouquets sur piédouche, en verre de Venise.

184 — Flacon en verre gravé.

185 — Bas-relief en bois sculpté : sujet tiré du Nouveau Testament.

186 — Miroir, dans un cadre, en bois sculpté doré.

187 — Sous ce numéro, seront vendus des cadres anciens en bois sculpté doré non catalogués.

BRONZES, ÉMAUX CLOISONNÉS
SCULPTURES

188 — Pendule, d'époque fin Louis XVI, formée par deux colonnes cannelées, à chapiteaux dorés, supportant le cadran, couronné par un buste de femme en bronze. Base en marbre et bronze.

189 — Bas-relief en marbre blanc, à figure d'Amour tenant une gerbe de fleurs. Signé : *Madrassi.*

190 — Statuette en terre cuite : Le Génie du mal. Signée : *Segoffin.*

191 — Beau lustre en bronze ciselé et doré, de style Louis XV, à dix-huit lumières.

192 — Paire d'appliques, de même style, en bronze doré, à trois lumières.

193 — Paire de flambeaux en cuivre poli, d'époque Louis XIII.

194 — Garniture de cheminée, composée de : une pendule en bronze, allégorie à la Fuite du temps, et deux flambeaux, formés par des figures de Mercure et de la Fortune. Socles en marbre rouge.

195 — Grande vasque en émail cloisonné de Chine, fond bleu-turquoise, décor à fleurs, bordure à lambrequins.

196 — Bassin creux en ancien métal cloisonné de Chine, fond bleu-turquoise.

197 — Pendule-borne en marbre griotte, surmontée d'une coupe en bronze et de deux flambeaux en bronze, sur trois pieds à griffes.

198 — Brûle-parfums ovoïde en bronze chinois, décoré en relief de feuillages et d'oiseaux, sur

socle formé par un dragon ; couvercle surmonté d'une chimère.

199 — Paire de vases cylindriques en bronze chinois, gravé de nuages et de vignes, décorés d'appliques à figures de dragons. Socles en bronze, sur quatre pieds à chimères.

200 — Deux bustes de nègre et de négresse en bronze, parties argentés. Signés : *Cordier*.

201 — Lustre en cuivre, à douze lumières, de style flamand.

202 — Paire de vases en émail cloisonné gros bleu, à décor d'oiseaux.

203 — Coupe en marbre onyx, montée en bronze.

MEUBLES ET SIÈGES

ANCIENS ET MODERNES

204 — Beau coffret en bois sculpté, représentant cinq sujets bibliques placés entre des cariatides de femmes. Epoque XVIIe siècle.

205 — Petite armoire étroite, ouvrant à une porte, en bois finement sculpté, à rosaces et mascarons. Epoque XVIIIe siècle.

206 — Secrétaire Louis XVI en marqueterie de bois rose et bois de violette.

207 — Deux petits canapés en bois sculpté et laqué blanc, recouverts en velours de soie vert et crème.

208 — Bibliothèque en bois noir, à filets de cuivre, moulures en bronze, ouvrant à deux portes vitrées.

209 — Pendule d'applique, avec socle en bois laqué et peint, garnie de bronzes. Epoque Louis XV.

210 — Fauteuil de bureau en bois doré, garni de canne. Style Louis XV.

211 — Paravent à trois feuilles en bois naturel sculpté, garni de panneaux en soie brodée, de style Louis XVI.

212 — Table Louis XIII, à pieds tors.

213 — Deux chaises en bois sculpté, garnies en imitation de tapisserie.

214 — Deux stalles à deux places en bois sculpté.

215 — Mobilier courant.

ÉTOFFES ET TAPIS

216 — Beau couvre-lit en ancienne broderie de soie jaune, dessin à ornements sur fond bleu. Travail portugais.

217 — Grande tenture en satin de Chine brodé à fleurs, oiseaux et quadrupèdes, sur fond vieux rose.

218 — Dessus de lit en ancienne broderie de soies de couleur, dessin à fleurs et ornements, sur fond gros bleu. Travail portugais.

219 — Panneau de tenture en satin de Chine gros-bleu, brodé de bouquets de fleurs en soies de couleur.

220 — Tapis de table en cachemire de l'Inde.

221 — Couvre-lit en soie brochée Louis XVI, décor à fleurs par bandes alternées, fond rouge et fond crème.

222 — Tapis oriental en ancien drap jaune, soutaché et brodé à fleurs.

223 — Petit tapis de table en satin rouge brodé or à bouquet de fleurs. Travail oriental.

224 — Tapis de table en cachemire jaune brodé de bouquets de fleurs en soie.

225 — Tapis de table en satin noir brodé de gerbes de fleurs en soie jaune.

226 — Trois tapis d'Orient à décors variés.

227 — Tapis carpette.

228 — Rideaux et dessus de table.

229 — Objets omis au présent catalogue.

www.ingramcontent.com/pod-product-compliance
Ingram Content Group UK Ltd.
Pitfield, Milton Keynes, MK11 3LW, UK
UKHW020504180726
13839UKWH00004B/1885

9 782329 506401